Mes émotions

L'ENNUI

Un livre de la collection
Les racines de Crabtree

AMY CULLIFORD

CRABTREE
Publishing Company
www.crabtreebooks.com

Soutien de l'école à la maison pour les parents, les gardiens et les enseignants

Ce livre aide les enfants à se développer grâce à la pratique de la lecture. Voici quelques exemples de questions pour aider le lecteur ou la lectrice à développer ses capacités de compréhension. Les suggestions de réponses sont indiquées en rouge.

Avant la lecture

- De quoi ce livre parle-t-il?
    - *Ce livre parle du sentiment de l'ennui.*
    - *Ce livre explique à quoi ressemble l'ennui ou ce que l'on ressent.*

- Qu'est-ce que je veux apprendre sur ce sujet?
    - *Je veux apprendre pourquoi les gens s'ennuient.*
    - *Je veux apprendre à quoi ressemble le sentiment de l'ennui.*

Pendant la lecture

- Je me demande pourquoi...
    - *Je me demande pourquoi je bâille quand je m'ennuie.*
    - *Je me demande ce que je peux faire quand je m'ennuie.*

- Qu'est-ce que j'ai appris jusqu'à présent?
    - *J'ai appris que je peux lire quand je m'ennuie.*
    - *J'ai appris que je peux jouer à un jeu quand je m'ennuie.*

Après la lecture

- Nomme quelques détails que tu as retenus.
    - *J'ai appris que c'est normal de s'ennuyer.*
    - *J'ai appris qu'il y a plusieurs choses à faire quand je m'ennuie.*

- Lis le livre à nouveau et cherche les mots de vocabulaire.
    - *Je vois le mot **pleut** à la page 4 et le mot **bâille** à la page 6. Les autres mots de vocabulaire se trouvent à la page 14.*

Je m'**ennuie**.

Je m'ennuie
quand il **pleut**.

Je **bâille** quand
je m’ennuie.

Je m'ennuie dans la **voiture**.

Je **lis** quand je m'ennuie.

Je joue à un **jeu** quand je m'ennuie.

Quand t’ennuies-tu?

Liste de mots

Mots courants

je	la	tu
joue	quand	un

La boîte à mots

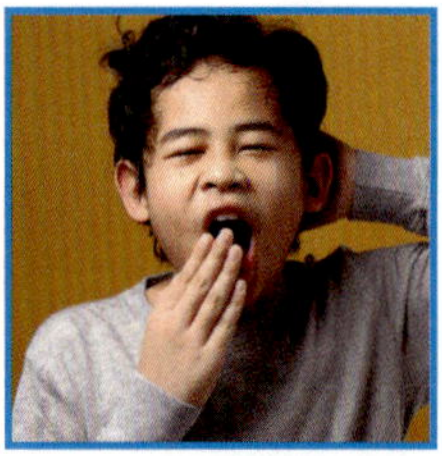

bâille

ennuie

jeu

lis

pleut

voiture

32 mots

Je m'**ennuie**.

Je m'ennuie quand il **pleut**.

Je **bâille** quand je m'ennuie.

Je m'ennuie dans la **voiture**.

Je **lis** quand je m'ennuie.

Je joue à un **jeu** quand je m'ennuie.

Quand t'ennuies-tu?

CRABTREE
Publishing Company

Autrice : Amy Culliford
Conception : Rhea Wallace
Développement de la série : James Earley
Correctrice : Ellen Rodger
Conseils pédagogiques : Marie Lemke M.Ed.
Traduction : Annie Evearts
Coordinatrice à l'impression : Katherine Berti

Références photographiques : Shutterstock : Juan Pablo Gonzaález : couverture; diplomedia : p. 1; Syda Productions : p. 3, 14; GOLFX : p. 5, 14; airdone : p. 7, 14; Leszek Glasner : p. 8-9, 14; Zurijeta : p. 10, 14; Motortion Films : p. 11, 14; fizkes : p. 13

Mes émotions

L'ENNUI

Crabtree Publishing Company
www.crabtreebooks.com 1-800-387-7650

Publié aux États-Unis
Crabtree Publishing
347 Fifth Avenue
Suite 1402-145
New York, NY, 10016

Publié au Canada
Crabtree Publishing
616 Welland Ave.
St. Catharines, Ontario
L2M 5V6

Imprimé au Canada/062021/CPC

Catalogage avant publication de Bibliothèque et Archives Canada
Titre: L'ennui / Amy Culliford ; texte français d'Annie Evearts.
Autres titres: Bored. Français.
Noms: Culliford, Amy, 1992- auteur.
Description: Mention de collection: Mes émotions | Les racines de Crabtree | Traduction de : Bored. | Comprend un index.
Identifiants: Canadiana (livre imprimé) 20210272635 | Canadiana (livre numérique) 20210272643 | ISBN 9781039605282 (couverture souple) | ISBN 9781039605343 (HTML) | ISBN 9781039605404 (EPUB) | ISBN 9781039605466 (livre numérique avec narration)
Vedettes-matière: RVM: Ennui (Lassitude)—Ouvrages pour la jeunesse. | RVMGF: Documents pour la jeunesse.
Classification: LCC BF575.B67 C8514 2022 | CDD j152.4—dc23